MIRA HACIA EL CIELO Y VERÁS
CÓMO EL TIEMPO ESTARÁ

POR **GUY BROWN**

*Un meteorólogo
de carne y hueso*

**ILUSTRADO POR
MARIO LUGO**

Science, Naturally!
Un sello de Platypus Media, LLC

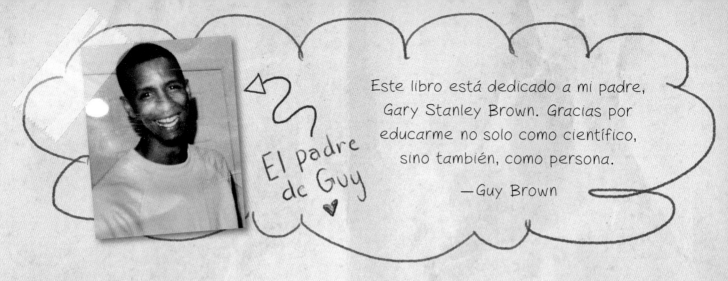

El padre de Guy ♥

Este libro está dedicado a mi padre, Gary Stanley Brown. Gracias por educarme no solo como científico, sino también, como persona.

—Guy Brown

Mira hacia el cielo y verás cómo el tiempo estará
Paperback first edition • May 2022 • ISBN: 978-1-938492-73-0
eBook first edition • May 2022 • ISBN: 978-1-938492-74-7

Written by Guy Brown, Text © 2021
Illustrated by Mario Lugo, Illustrations © 2021

Translator: Eida de la Vega, West New York, NJ
Project Manager: Ellen E.M. Roberts, Bethlehem, PA
Senior Editor: Dia L. Michels, Washington, D.C.
Design and Doodle Art: Hannah Thelen, Silver Spring, MD
Cover Design: Caitlin Burnham, Washington, D.C.
Agent to the Illustrator: Patricia Padro, Queens, NY
Editorial Assistants:
      Amy Nash, Denver, CO
      Anna Tippett, Fredericksburg, VA
      Caroline Greaney, McLean, VA
      Destany Atkinson, Bowie, MD
      Emma Ferdinandi, Fresno, CA

Available in English as Look Up to See What the Weather Will Be
Hardback first edition • November 2021 • ISBN: 978-1-938492-42-6
Paperback first edition • November 2021 • ISBN: 978-1-938492-43-3
eBook first edition • November 2021 • ISBN: 978-1-938492-44-0

Teacher's Guide available at the Educational Resources page of ScienceNaturally.com.

Published in the United States by:
      Science, Naturally!
            An imprint of Platypus Media, LLC
      725 8th Street, SE, Washington, D.C. 20003
      202-465-4798 • Fax: 202-558-2132
      Info@ScienceNaturally.com • ScienceNaturally.com

Distributed to the trade by:
      National Book Network (North America)
            301-459-3366 • Toll-free: 800-462-6420
            CustomerCare@NBNbooks.com • NBNbooks.com
      NBN international (worldwide)
            NBNi.Cservs@IngramContent.com • Distribution.NBNi.co.uk

Library of Congress Control Number: 2021949425

10 9 8 7 6 5 4 3 2 1

Printed in the United States

CONTENIDO

GUÍA DEL MAESTRO

Nuestra guía del maestro incluye actividades prácticas, vocabulario y otros recursos. Descárguela hoy de la página de Recursos Educativos en ScienceNaturally.com

INTRODUCCIÓN

Todos los días, antes del alba, salgo a trabajar pronosticando el tiempo. Estudio los datos e informes para comprender lo que sucede en el cielo. Mi trabajo consiste en informar a la gente para que planifique su transporte al trabajo o a la escuela, y decida si puede pasear en bicicleta, visitar a la abuela o asistir al entrenamiento de béisbol.

Si sales afuera y miras hacia arriba, probablemente verás una nube. O dos. O veinte. Yo estudio sus secretos. Claro que las nubes son solamente una masa de gotitas de agua, pero cada día las observo y me pregunto: ¿De qué color son? ¿De qué tamaño son? ¿Cuánto tiempo han estado ahí? Algunas nubes están tan altas en la atmósfera que hace falta un avión para observarlas; otras tan bajas que las puedes tocar y saborear. Las nubes nos informan lo que sucede por encima y a nuestro alrededor.

Los humanos no somos los únicos que necesitamos saber lo que predicen las nubes acerca del tiempo. Seas un papagayo, una piraña, una pitón, un pingüino, un puerco espín o una persona, tu vida depende de poder resguardarte del mal tiempo. Voy a mostrarte como la gente y los animales alrededor del mundo responden a las nubes.

Guy Brown

Capítulo 1
CÓMO Y POR QUÉ DEBEMOS MIRAR ATENTOS AL CIELO

El cielo es un sitio muy activo. La gente lleva siglos estudiando el cielo para intentar comprender el mundo que les rodea.

Las estrellas nos revelan la época del año, el sol nos dice la hora del día y la luna nos informa acerca de las mareas oceánicas. Las nubes también nos revelan muchas cosas, como por ejemplo, si habrá buen tiempo o si se acerca una gran tormenta. Hay personas que dedican toda su vida a estudiar el cielo.

La raíz de la palabra "meteoro" viene de la palabra griega que significa "cosas muy arriba". A una persona que estudia el tiempo, como yo, se le llama METEORÓLOGO.

Utilizando la matemática y la ciencia, analizo datos recogidos con muchos instrumentos diferentes y convierto esos datos en un pronóstico. Mi trabajo es comunicar el pronóstico del tiempo a mi comunidad.

ESTUDIO DE TV

En los Estados Unidos y en muchas otras partes del mundo, cualquier persona puede recolectar datos científicos. Puedes compartir tus observaciones climáticas con meteorólogos para ayudarlos a mantenerse actualizados acerca de cambios en las condiciones locales. Existen muchos ciudadanos científicos, tanto niños como adultos, que reportan sus observaciones a meteorólogos locales u organizaciones meteorológicas nacionales.

Yo empiezo a trabajar antes de que la mayoría de la gente haya desayunado. Estudio la temperatura, la velocidad y la dirección del viento, la presión del aire y las imágenes de satélite de las nubes para determinar cómo estará el tiempo. Puedo decirte cuándo es mejor ponerte chancletas o botas de hule.

Puedo predecir el tiempo con muchos días de antelación, dándole la oportunidad a mi comunidad de prepararse para enfrentar el clima. Es más fácil protegerte si sabes cuándo esperar granizo, vendavales, lluvias torrenciales o niebla.

Mi trabajo es esencial para la comunidad. Es posible predecir el tiempo tan solo mirando al cielo, pero con los instrumentos y la tecnología que usan los meteorólogos el pronóstico es más preciso.

Capítulo 2
CON ESTOS INSTRUMENTOS PRONOSTICARÁS BIEN EL TIEMPO

Hay dos tipos de satélites meteorológicos.

Los SATÉLITES DE ÓRBITA POLAR le dan vueltas a la Tierra, recolectando datos meteorológicos. También monitorean erupciones volcánicas, incendios forestales y temperaturas oceánicas.

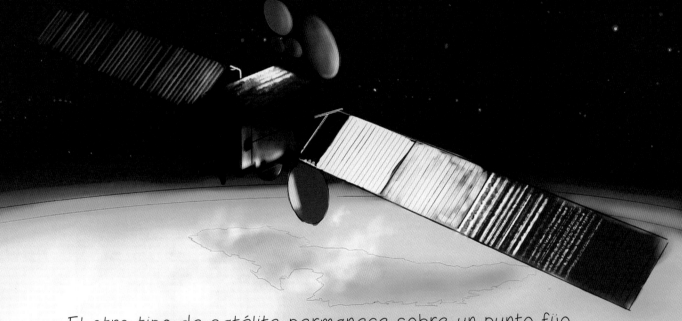

El otro tipo de satélite permanece sobre un punto fijo de la Tierra. Estos SATÉLITES GEOESTACIONARIOS nos informan acerca de la nubosidad, los relámpagos y las grandes tormentas, como los huracanes.

A medida que mejore la tecnología podría haber nuevos tipos de satélites que ayuden a elaborar pronósticos del tiempo más precisos.

Los satélites no siempre nos muestran el panorama completo. Los meteorólogos deben continuamente observar muchas medidas diferentes como la temperatura, la presión del aire, las mareas de los océanos, la lluvia y la nieve. Con los siguientes instrumentos puedes registrar tus propios datos:

PLUVIÓMETRO

Mide la cantidad de lluvia que ha caído.

REGLA

Mide la cantidad de nieve que ha caído.

MAREÓGRAFO

Mide el nivel del agua del mar.

BARÓMETRO

Mide el peso o presión del aire.

Los meteorólogos de la radio y la televisión dependen de una tecnología llamada radar Doppler para determinar la dirección de las gotas de lluvia y la cantidad de agua que está cayendo. Esta información les ayuda a evaluar la fuerza de una tormenta.

IMAGEN DEL RADAR

Muestra la intensidad de la tormenta. El rojo significa muy fuerte y el verde significa suave.

TERMÓMETRO

Mide lo frío o lo caliente que está el aire.

TORRE DE RADAR

Mide la fuerza de la precipitación y el viento con ondas de radar.

Las MANGAS DE VIENTO se usan para medir la velocidad y dirección del viento. La manga de viento gira conforme a la dirección del viento. Puedes apreciar la fuerza del viento por lo recta que esté la manga de viento.

Las mangas de viento son comunes en las pistas de los aeropuertos, donde los pilotos las usan para observar el viento en preparación de despegues o aterrizajes.

Cuando salgo del estudio de televisión a reportar sobre un tiempo particularmente peligroso o inusual, se le llama "ESTAR EN LOCACIÓN" o en el sitio.

Mi equipo se transporta en un camión fabricado especialmente para operar en condiciones climáticas peligrosas, equipado con cámaras y micrófonos. Los reportajes "en locación" nos permiten reportar información crítica y transmitir imágenes a la comunidad lo antes posible.

Capítulo 3
DE CÓMO LOS ANIMALES SON RADARES NATURALES

Los instrumentos y el equipo ayudan a los meteorólogos como yo a realizar pronósticos precisos, pero no es necesario estar en la televisión para hacer predicciones meteorológicas. Los animales sienten los cambios de temperatura, viento, humedad y luz del sol.

Las lechuzas comunes cazan al anochecer y al amanecer, volando muy bajo sobre los prados. Sus suaves plumas están diseñadas para el vuelo silencioso, que les permite escuchar y acechar a pequeños mamíferos que corren por el suelo. Las lechuzas comunes son cautelosas con la lluvia u otras condiciones que puedan afectar su vuelo.

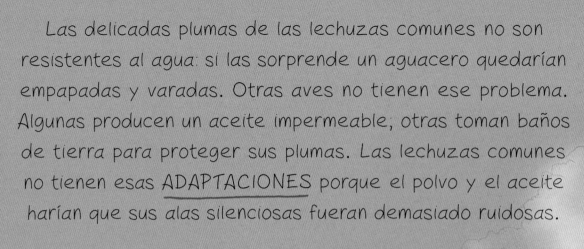

Las delicadas plumas de las lechuzas comunes no son resistentes al agua: si las sorprende un aguacero quedarían empapadas y varadas. Otras aves no tienen ese problema. Algunas producen un aceite impermeable; otras toman baños de tierra para proteger sus plumas. Las lechuzas comunes no tienen esas ADAPTACIONES porque el polvo y el aceite harían que sus alas silenciosas fueran demasiado ruidosas.

Los vientos fuertes también son peligrosos. Las lechuzas comunes pesan menos de dos libras (1 kg) y se les hace difícil volar en el viento. Están atentas a las señales de tiempo húmedo o ventoso para saber cuándo buscar refugio.

Los graneros y los árboles huecos son lugares cálidos y secos que las lechuzas comunes usan para esperar a que pase el mal tiempo. Si no pueden llegar a refugiarse, se posan en la rama de un árbol y tratan de protegerse con las hojas para permanecer secas.

Al igual que la lechuza común, tú sabes protegerte de la lluvia o del tiempo ventoso. Si te refugias bajo techo o llevas un paraguas cuando se acercan nubarrones, permanecerás seco y a salvo.

La mayoría de los
caballos conviven con personas en
granjas o ranchos. En planicies agrícolas suelen
ser comunes los tornados. Los tornados son veloces.
¡Pueden destruir un granero en cuestión de segundos!

Tanto los caballos como los humanos deben estar
alertas a los cielos de color verde oscuro y a las
nubes en forma de embudo. Los caballos son animales
sociales que viven en grupos. Usan gestos y sonidos
para comunicarse entre sí cuando perciben peligro.

Los caballos usan sus relinchos y bufidos como advertencia, agregando un resoplido particular a su bufido cuando están muy asustados. Los humanos y otros animales a menudo pueden saber cuándo se avecina una tormenta con sólo escuchar a los caballos.

Una vez que la manada ha sido alertada del peligro, los caballos corren a refugiarse. El caballo promedio corre dos veces más rápido que una persona. Cuando un tornado amenaza con dirigirse al establo, los dueños de caballos los sueltan, dejándolos correr libres, para que puedan apartarse del paso del tornado. Los caballos suelen encontrar el camino de regreso después, pero algunos dueños los marcan para que los animales sean devueltos a casa.

Un tornado deja a su paso un rastro de destrucción. Los dueños de caballos se aseguran de limpiar sus establos, quitando ramas quebradas, vidrios y otros objetos dispersados por la tormenta. Además, los caballos necesitan agua fresca y comida a su regreso.

Al igual que los caballos y sus dueños, debes tomar medidas para protegerte. Escucha los avisos de tornado, refúgiate rápidamente en un lugar seguro, y ten a la mano una bolsa de emergencia para ayudarte después.

Durante el invierno, es difícil
encontrar alimento. Los osos pardos sobreviven
descansando en su guarida durante varios meses. A
esto se le llama HIBERNACIÓN. Les ayuda a ahorrar
energía y a mantenerse cálidos y a salvo.

Para los osos pardos es importante estar al tanto de
las señales que indican un cambio de tiempo para
tener tiempo de prepararse. En el otoño, antes
de hibernar, los osos necesitan comer mucho
para acumular una gruesa capa de grasa.

Durante esta fase de alimentación otoñal, llamada "HIPERFAGIA",
los osos pardos pueden llegar a consumir 88 libras (40 kg)
de comida al día. Para cazar tantas presas, los osos dependen
de su agudo sentido del olfato. Pueden olfatear a otro
animal a más de 18 millas (30 km) de distancia.

La parte del cerebro del oso que controla el sentido del olfato es
cinco veces más grande que la de un ser humano y su nariz tiene
cientos de músculos diminutos. Los osos son tan buenos cazadores
que los cuervos los siguen para comerse
lo que sobra de su comida.

Los osos pardos construyen sus guaridas invernales dentro de troncos, cuevas u hoyos en la tierra. Durante la hibernación los osos apenas respiran y los latidos cardíacos se hacen más lentos. No comen ni beben, ni hacen pipí ni caca. El cuerpo se alimenta de la grasa acumulada durante el otoño.

Igual que los osos, la mayoría de la gente permanece adentro cuando hace frío. Mientras los osos cuentan con capas de grasa adicionales, nosotros nos ponemos abrigos, gorros, botas y guantes.

Capítulo 4
A LOS ANIMALES NO LES SORPRENDEN LOS TEMPORALES

La mayoría de los animales sabe escapar de los peligros meteorológicos, pero algunos animales tienen adaptaciones especiales que los ayudan a desarrollarse en condiciones difíciles. En la costa, la densa niebla puede dificultar la visibilidad, pero los leones marinos saben superar ese desafío.

Los leones marinos viven en colonias en la playa. Usan sus poderosas aletas para atrapar peces y calamares. Durante el verano, cientos de leones marinos cuidan a sus crías en grandes grupos llamados "COLONIAS". Debido a la densa niebla costera que dificulta la visión, los leones marinos dependen de sus otros sentidos para alimentarse y encontrarse unos a otros.

Los leones marinos usan sus bigotes rígidos y sensibles para saber hacia dónde se dirigen y localizar a sus presas bajo el agua. Las madres pasan muchas horas al día cazando y luego regresan a la playa para amamantar a sus crías. Incluso en los días de niebla, cada madre debe encontrar a su cría en la colonia ruidosa y atestada. Su excelente sentido del oído ayuda a las madres a identificar el ladrido específico de su cría entre cientos de ladridos.

La niebla no es el único desafío para los leones marinos. A veces, la temperatura sube o baja demasiado, pero también hay una adaptación para eso.

Los leones marinos pueden regular su temperatura con un mecanismo llamado "TERMORREGULACIÓN". Se dan vuelta y levantan una aleta sobre el agua. La posición de la aleta les permite refrescarse o calentarse.

Los humanos nos refrescamos usando menos capas de ropa, buscando sombra o jugando en la piscina. Cuando hay niebla, no tenemos bigotes que nos ayuden, pero contamos con otras soluciones, como los faros. Estos evitan que los barcos se estrellen en las costas.

Un camello que vive en el desierto no puede escaparse de las temperaturas ardientes. Algunos desiertos no tienen nubes y reciben menos de diez pulgadas (25 cm) de lluvia al año. Sin lluvia, es difícil encontrar agua.

Los camellos son animales muy grandes y llegan a pesar hasta una tonelada métrica. Son herbívoros y necesitan comer muchas plantas para sobrevivir. Para las plantas es difícil crecer con poca agua, pero los camellos se han adaptado para arreglárselas.

Los camellos comen hierbas, semillas y granos cuando pueden, pero la gruesa piel de sus bocas tolera hojas y ramas espinosas. Es un mito común que los camellos acumulan agua en su joroba. En realidad, acumulan grasa. De la misma manera que los osos pardos sobreviven durante la hibernación, los camellos pueden vivir mucho tiempo de su grasa acumulada.

Los camellos también se han adaptado a la arena del desierto. La arena está tan caliente que puede causar quemaduras, por lo que ellos tienen almohadillas gruesas como cojines, que les protegen el pecho y las rodillas cuando se acuestan a dormir. Además, los fuertes vientos rápidamente pueden levantar enormes nubes de polvo, de miles de pies de altura, llamadas tormenta de arena o HABOOB.

Durante un haboob, el viento azota la arena. Es cegador y muy doloroso. Los camellos tienen tres párpados y una doble fila de pestañas que les protegen los ojos. Incluso pueden cerrar las fosas nasales para evitar aspirar la arena.

Las personas que viven o viajan en el desierto se cubren la piel con ropa que les protege del sol y la arena. En un haboob, usan un sombrero sobre los ojos y se atan un paño húmedo alrededor de la boca y la nariz.

Algunos animales tienen adaptaciones para aprovechar el clima. Los elefantes africanos viven en las sabanas, que son casi tan secas como el desierto. Esto es un desafío para los elefantes, que beben hasta 50 galones (200 L) de agua al día.

Los elefantes son los mamíferos terrestres más fuertes, capaces de arrancar árboles de sus raíces. Usan sus poderosas patas y colmillos para cavar en busca de agua subterránea. ¡Pero es más fácil dejar que el clima haga el trabajo!

Además, con las orejas más grandes del reino animal, los elefantes escuchan el sonido de las tormentas que se acercan. Prestan atención al sonido de nubes de lluvia que se forman a muchas millas de distancia. Los líderes de manadas se dirigen a las charcas de agua o arroyos secos, cerca de la tormenta, sabiendo que la lluvia los llenará de agua.

Los elefantes no buscan refugio durante las lluvias fuertes. Tienen la piel gruesa y una capa de grasa que los mantiene secos y abrigados. Los elefantes sacian su sed en los abrevaderos, pero también toman agua con sus trompas y se rocían entre sí para refrescarse.

Los elefantes adultos disfrutan de un buen aguacero, pero las lluvias intensas pueden ser peligrosas para las crías. Su piel es más tierna y delicada. Las crías se cobijan bajo sus madres para protegerse.

Cuando se pronostica lluvia, los humanos también la aprovechan. Algunas personas recogen agua en barriles para beber o regar sus jardines. Puedes hacerlo también, pero no bebas agua de lluvia sin antes hervirla para desinfectarla.

Capítulo 5
SI APRENDES BIEN A OBSERVAR, BIEN PODRÁS PRONOSTICAR

Tanto los animales como los humanos responden continuamente al clima. Todos los días observo el mundo que me rodea para hacer mis pronósticos meteorológicos. El simple hecho de ser curioso y observador te ayuda a hacer tu propio pronóstico diario.

Me tomó años de práctica recolectar y estudiar información de satélites, radares, barómetros y otros instrumentos para comprender cómo los cambios más pequeños pueden afectar el pronóstico. Pero el tiempo cambia rápidamente. Cuando estoy afuera, una simple mirada a las nubes puede decirme si se avecina una tormenta.

Mira aquí

No olvides que los animales que ves todos los días también reaccionan al tiempo atmosférico. Presta atención al comportamiento de animales cercanos y usa tus sentidos tal como ellos lo hacen. Usa tus orejas como un elefante, tu nariz como un oso y tus ojos como un camello, y estarás mejor preparado para los cambios en el tiempo.

¡EL CIELO ES EL LÍMITE!

Igual que yo, puedes adelantarte a los cielos cambiantes.
¡Mira hacia arriba y a tu alrededor para ver qué tiempo hará!

MI DIARIO DEL TIEMPO

Por: _____

Dibuja una nube:

Después de ver esta nube, el tiempo estuvo:

_____

Dibuja un animal:

Después de ver a este animal, el tiempo estuvo:

_____

Observaciones: _____

_____

_____

_____

_____

RETO DE 7 DÍAS

Dibuja una nube que ves cada día durante una semana

$\longrightarrow$

Día 1

Día 2	Día 3	Día 4

Día 5	Día 6	Día 7

SOL DE VERANO

Usa sombrero, bloqueador solar y gafas en los días soleados para protegerte del sol. No olvides mantenerte hidratado.

TORMENTA ELÉCTRICA

Refúgiate adentro lo antes posible y aléjate de las ventanas. No te duches ni tomes un baño. Si no puedes refugiarte adentro, evita el agua, agáchate, hazte una bola y aléjate de objetos altos o cualquier objeto metálico.

NIEVE

Ponte abrigo, guantes y gorro antes de salir, y usa botas gruesas para mantener los pies calientes. ¡Cuando haya hielo en el suelo, camina como un pingüino!

INUNDACIONES

Sube a la planta más alta o a un terreno elevado durante una inundación. No camines ni juegues cerca de corrientes de agua.

TORNADO

Refúgiate en el interior de alguna estructura y cúbrete con almohadas o mantas, o ponte un casco de bicicleta. Ve a la planta más baja posible y aléjate de las ventanas. Un sótano es la mejor opción. De lo contrario, refúgiate en un baño, pasillo o clóset.

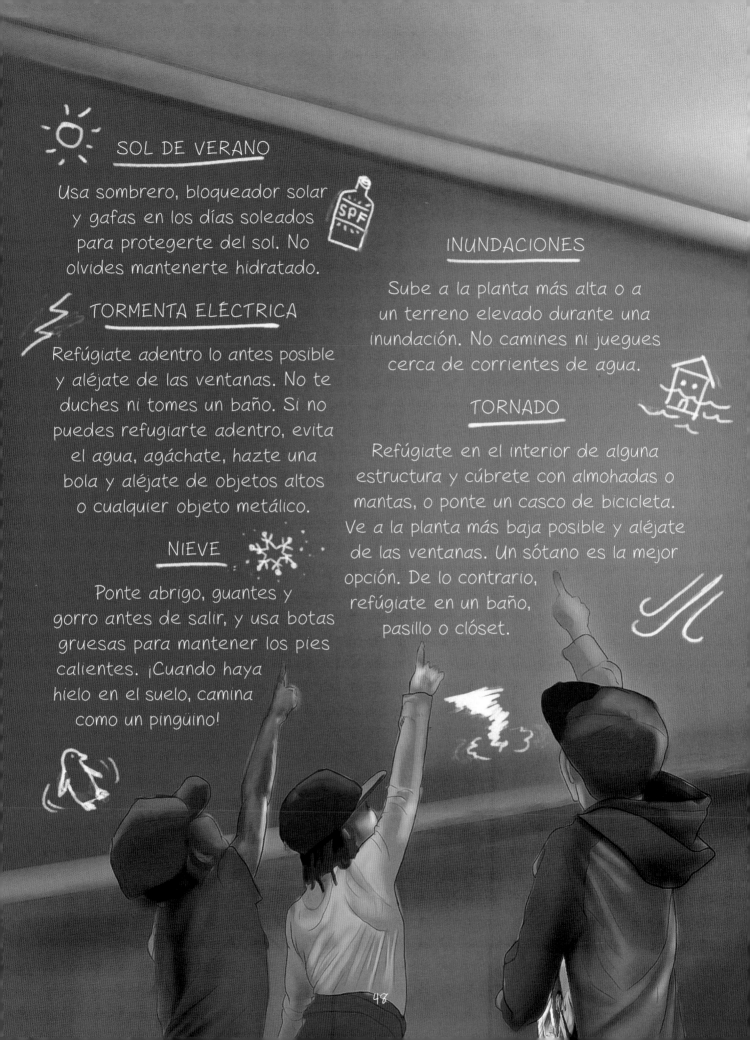

¡NO HAY TRANCE DESESPERADO PARA EL QUE ESTÁ PREPARADO!

Toda familia debe tener preparada una bolsa de emergencia en su casa y su automóvil. La bolsa debe contener comida y agua para al menos tres días, ropa abrigada, un botiquín de primeros auxilios, una linterna y un radio NOAA con baterías eléctricas.

HURACÁN

Presta atención a las órdenes de evacuación. Si te lo indican, abandona el área. Prepárate para apagones.

UTILIZANDO LA TABLA DE LA PÁGINA 49, ¿PUEDES ADIVINAR CÓMO SON CADA UNA DE ESTAS NUBES?

Aquí va un ejemplo. El nombre "estratocúmulo" tiene dos raíces "stratus" y "cumulus". Si nos guiamos por la tabla, los estratocúmulos pueden tener la apariencia de una sábana plana formada por nubes infladas y algodonosas. ¿Puedes verlas en el fondo de esta página? ¿Y los otros tipos de nubes?

Pasa a la siguiente página para ver si acertaste.

CIRROS   ESTRATOCÚMULOS

CIRROCÚMULOS   NIMBOESTRATOS

CIRROESTRATOS   CÚMULOS

ALTOCÚMULOS   ESTRATOS

ALTOESTRATOS   CUMULONIMBOS

LAS NUBES SON FASCINANTES. ¡Y QUÉ NOMBRES ELEGANTES!

¡Las nubes tienen nombres igual que tú y yo! Las nubes reciben nombres derivados del latín, de acuerdo con su altura y forma en el cielo. Cada nube tiene una forma única. ¿Sabías que el sol, las montañas y los frentes meteorológicos pueden cambiar y dar forma a las nubes que ves en el cielo?

Las nubes bajas bloquean la luz solar y hacen que el día esté nublado y fresco. La Tierra recibe más sol a medida que las nubes se mueven más alto en el cielo. ¡El viento puede soplar nubes altas a más de 100 millas por hora (160 km/h)!

RAÍZ	SIGNIFICADO ORIGINAL	ASPECTO
Cumulus	montón, pila	inflada, algodonosa, en grupo
Stratus	capa, sábana	plana, como una sábana
Cirrus	fibra, pelo	como mechones o hebras finas
Nimbus	lluvia, precipitación	oscuras, densas, traen tormentas
Alto	alto	altas, pero no las más altas

NUBES ALTAS
20000 – 35000 pies (6096 – 10668 m)

CIRROS
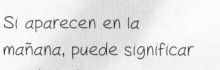

Aparecen en días soleados, pero pueden significar que se acerca tiempo caluroso o tormenta.

CIRROCÚMULOS

Disfruta el sol, pero si vives cerca de la playa, puede estar en camino una tormenta o un huracán.

NUBES MEDIAS
6500 – 20000 pies (1981 – 6096 m)

ALTOCÚMULOS
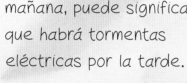

Si aparecen en la mañana, puede significar que habrá tormentas eléctricas por la tarde.

ALTOESTRATOS

¡Lleva un paraguas! Puede haber abundante lluvia o nieve en camino.

NUBES BAJAS
0 – 6500 pies (0 – 1981 m)

ESTRATOCÚMULOS

Es poco probable que haya lluvia o nieve. Suelen anunciar tiempo seco.

ESTRATOS

Estas nubes pueden tocar la tierra y provocar neblina, tiempo nublado o llovizna.

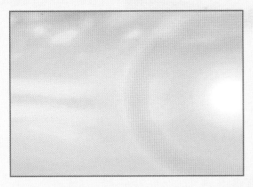

CIRROESTRATOS

Aparecen un día antes de lluvia o nieve.

NUBES DE DESARROLLO VERTICAL:

La nubes cúmulos y cumulonimbos pueden empezar muy bajas en el cielo y crecer muy altas hasta los niveles superiores de la atmósfera.

¿De qué están hechas las nubes?

Nubes altas	=	cristales de hielo
Nubes medias	=	cristales de hielo + diminutas gotas de agua
Nubes bajas	=	diminutas gotas de agua
Nubes de desarrollo vertical	=	cristales de hielo en la parte superior + diminutas gotas de agua en la parte inferior

CUMULONIMBOS

Nubes de tormenta enormes y oscuras que crecen hasta ser muy altas. Podría haber un tornado.

NIMBOESTRATOS

¡Ya está lloviendo o nevando! De cuando en cuando estas nubes bajas suben a nivel medio.

CÚMULOS

Aparecen en muchas formas diferentes en días soleados.

MIS PALABRAS METEOROLÓGICAS

amanecer: la hora de la mañana, justo a la salida del sol, cuando aparece la primera luz.

anochecer: la hora de la tarde en que se pone el sol y ocurre la transición a la noche.

atmósfera: capas de gases que rodean a la Tierra y que se mantienen en su lugar gracias a la gravedad de la Tierra.

ciclo del agua: el movimiento y cambio de los estados del agua en su paso de los océanos a la atmósfera y a la tierra. Los estados son agua líquida, hielo sólido y vapor de agua o gas.

condensación: el proceso en el cual el vapor de agua (agua en forma gaseosa) se enfría y se transforma en agua líquida.

ecosistema: todos los seres vivientes y objetos inanimados en un área determinada donde los organismos trabajan juntos como una unidad.

empapado: calado; lleno de agua.

encapotado o muy nublado: cuando nubes gruesas cubren al menos 90% del cielo, y este adquiere una apariencia gris y opaca.

húmedo: un poco mojado; humedecido.

huracán: una tormenta poderosa que se forma en el océano Atlántico, el golfo de México o el mar Caribe, y que trae fuertes lluvias y vientos que oscilan entre las 74 y las 150 millas por hora (120 km/h - 240 km/h) o más.

inundación: la subida de las aguas hasta ocupar la tierra, como resultado de lluvias intensas o de varias pulgadas de nieve que se derritan. Esto causa que los ríos y los lagos se desborden.

marea: la subida y bajada constante de los océanos de la Tierra (y de los lagos, e incluso del agua en tu vaso, aunque esta subida sea mínima) causada principalmente por la fuerza gravitatoria de la Luna.

niebla: una nube que está pegada al suelo; rocío o gotitas de agua suspendidas en el aire de la superficie de la Tierra, a través de las cuales es difícil ver.

nieve: precipitación formada por cristales de hielo. La nieve puede unirse para formar copos que caen del cielo.